Impressum
Verlag: BABADADA GmbH, Nedderfeld 112 , 22529 Hamburg
Geschäftsführer / Verlagsleitung: Harald Hof
Druck: Books on Demand GmbH, In de Tarpen 42, 22848 Norderstedt

Imprint
Publisher: BABADADA GmbH, Nedderfeld 112 , 22529 Hamburg, Germany
Managing Director / Publishing direction: Harald Hof
Print: Books on Demand GmbH, In de Tarpen 42, 22848 Norderstedt

la salle de classe
salle de classe

diviser
diviser

186/2

la cour de récréation
cour (de récréation)

le tableau noir
tableau noir

l'enseignant
professeur

le papier
papier

écrire
écrire

le stylo
stylo

le bureau
bureau

la règle
règle

le livre
livre

l'élève
élève

le sac d'école

cartable

la trousse

trousse

le crayon

crayon

le taille-crayon

taille-crayon

la gomme

gomme

le carnet à dessin

carnet à dessin

le dessin

dessin

le pinceau

pinceau

la boîte de peinture

boîte de peinture

les ciseaux

ciseaux

la colle

colle

le cahier d'exercices

cahier d'exercices

les tâches

devoirs

le chiffre

chiffre

additionner

additionner

soustraire

soustraire

multiplier

multiplier

calculer

calculer

la lettre

lettre

l'alphabet

alphabet

le mot

mot

le texte

texte

lire

lire

la craie

craie

la leçon

leçon

le livre de classe

livre de classe

l'examen

examen

le certificat

certificat

l'uniforme scolaire

uniforme scolaire

la formation

formation

le lexique

lexique

l'université

université

le microscope

microscope

la carte

carte

la corbeille à papier

corbeille à papier

l'école - école

l'hôtel
hôtel

l'auberge
auberge

le bureau de change
bureau de change

la valise
valise

la voiture
voiture

la langue

langue

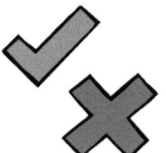

oui / non

oui / non

d'accord

d'accord

Salut

Salut

l'interprète

interprète

merci

merci

Combien coûte...?
Combien coûte...?

Je ne comprends pas
Je ne comprends pas

le problème
problème

Bonsoir!
Bonsoir !

Bonjour!
Bonjour !

Bonne nuit!
Bonne nuit !

Au revoir
Au revoir

la direction
direction

les bagages
bagages

le sac
sac

le sac-à-dos
sac-à-dos

l'hôte
hôte

la pièce
pièce

le sac de couchage
sac de couchage

la tente
tente

l'office de tourisme

office de tourisme

la plage

plage

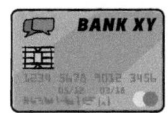

la carte de crédit

carte de crédit

le petit-déjeuner

petit-déjeuner

le déjeuner

déjeuner

le dîner

dîner

le billet

billet

l'ascenseur

ascenseur

le timbre

timbre

la frontière

frontière

la douane

douane

l'ambassade

ambassade

le visa

visa

le passeport

passeport

l'avion
avion

le navire
navire

le véhicule de pompiers
véhicule de pompiers

le bus
bus

le camion
camion

le bateau à moteur
bateau à moteur

la voiture
voiture

la bicyclette
bicyclette

le ferry

ferry

la barque

barque

la moto

moto

la voiture de police

voiture de police

la voiture de course

voiture de course

la voiture de location

voiture de location

l'autopartage

auto-partage

la dépanneuse

voiture de remorquage

la benne à ordures

benne à ordures

le moteur

moteur

l'essence

essence

la station d'essence

station d'essence

le panneau indicateur

panneau indicateur

le trafic

trafic

l'embouteillage

embouteillage

le parking

parking

la gare

gare

les rails

rails

le train

train

le tram

tramway

le wagon

wagon

l'hélicoptère

hélicoptère

l'aéroport

aéroport

la tour

tour

le passager

passager

le container

conteneur

le carton

carton

le chariot

chariot

la corbeille

corbeille

décoller / atterrir

décoller / atterrir

la ville

ville

le village

village

le centre-ville

centre-ville

la maison

maison

le cinéma
cinéma

la publicité
publicité

le réverbère
réverbère

CINEMA

la rue
rue

le taxi
taxi

le kiosque
kiosque

le piéton
piéton

le trottoir
trottoir

le passage piéton
passage piéton

la poubelle
poubelle

le carrefour
carrefour

les feux de circulation
feux de circulation

la cabane

cabane

l'appartement

appartement

la gare

gare

la mairie

mairie

le musée

musée

l'école

école

l'université

université

la banque

banque

l'hôpital

hôpital

l'hôtel

hôtel

la pharmacie

pharmacie

le bureau

bureau

la librairie

librairie

le magasin

magasin

le fleuriste

fleuriste

le supermarché

supermarché

le marché

marché

le grand magasin

grand magasin

la poissonnerie

poissonnerie

le centre commercial

centre commercial

le port

port

le parc

parc

la banque

banque

le pont

pont

les escaliers

escaliers

le métro

métro

le tunnel

tunnel

l'arrêt de bus

arrêt de bus

le bar

bar

le restaurant

restaurant

la boîte à lettres

boîte à lettres

le panneau indicateur

panneau indicateur

le parcomètre

parcmètre

le zoo

zoo

le réverbère

piscine

la mosquée

mosquée

la ferme

ferme

la pollution

pollution

le cimetière

cimetière

l'église

église

l'aire de jeux

aire de jeux

le temple

temple

le paysage

paysage

la feuille
feuille

le panneau indicateur
panneau indicateur

le chemin
chemin

le pré
pré

la pierre
pierre

le randonneur
randonneur

la rivière
rivière

l'arbre
arbre

l'herbe
herbe

la fleur
fleur

la vallée

vallée

la montagne

montagne

le lac

lac

la forêt

forêt

le désert

désert

le volcan

volcan

le château

château

l'arc-en-ciel

arc-en-ciel

le champignon

champignon

le palmier

palmier

le moustique

moustique

la mouche

mouche

les fourmis

fourmis

l'abeille

abeille

l'araignée

araignée

le scarabée

coléoptère

la grenouille

grenouille

l'écureuil

écureuil

le hérisson

hérisson

le lapin

lièvre

la chouette

chouette

l'oiseau

oiseau

le cygne

cygne

le sanglier

sanglier

le cerf

cerf

l'élan

élan

le barrage

barrage

l'éolienne

éolienne

le panneau solaire

panneau solaire

le climat

climat

le serveur
serveur

le menu
menu

la chaise
chaise

la soupe
soupe

la pizza
pizza

les services
couverts

la nappe
nappe

les hors d'œuvre

hors d'œuvre

le plat principal

plat principal

le dessert

dessert

les boissons

boissons

l'alimentation

alimentation

la bouteille

bouteille

le fast-food

fast-food

les plats à emporter

plats à emporter

la théière

théière

le sucrier

sucrier

la portion

portion

la machine à expresso

machine à expresso

la chaise haute

chaise haute

la facture

facture

le plateau

plateau

le couteau

couteau

la fourchette

fourchette

la cuillère

cuillère

la cuillère à thé

cuillère à thé

la serviette

serviette

le verre

verre

l'assiette

assiette

l'assiette à soupe

assiette à soupe

la soucoupe

soucoupe

la sauce

sauce

la salière

salière

le moulin à poivre

moulin à poivre

le vinaigre

vinaigre

l'huile

huile

les épices

épices

le ketchup

ketchup

la moutarde

moutarde

la mayonnaise

mayonnaise

l'offre promotionnelle
offre promotionnelle

le client
client

les produits laitiers
produits laitiers

les fruits
fruits

le caddie
chariot

FOR

la boucherie

boucherie

la boulangerie

boulangerie

peser

peser

les légumes

légumes

la viande

viande

les aliments surgelés

aliments surgelés

la charcuterie

charcuterie

les conserves

conserves

la poudre à lessive

poudre à lessive

les bonbons

bonbons

les articles ménagers

articles ménagers

les détergents

détergents

la vendeuse

vendeuse

la caisse

caisse

le caissier

caissier

la liste d'achats

liste d'achats

les heures d'ouverture

heures d'ouverture

le portefeuille

portefeuille

la carte de crédit

carte de crédit

le sac

sac

le sac en plastique

sac en plastique

l'eau

eau

le jus de fruit

jus de fruit

le lait

lait

le coca

coca

le vin

vin

la bière

bière

l'alcool

alcool

le chocolat chaud

chocolat chaud

le thé

thé

le café

café

l'expresso

expresso

le cappuccino

cappuccino

la banane

banane

la pomme

pomme

l'orange

orange

le melon

melon

le citron

citron

la carotte

carotte

l'ail

ail

le bambou

bambou

l'oignon

oignon

le champignon

champignon

les noisettes

noisettes

les pâtes

pâtes

les spaghettis

spaghetti

le riz

riz

la salade

salade

les frites

pommes frites

les pommes de terre rôties

pommes de terre rôties

la pizza

pizza

le hamburger

hamburger

le sandwich

sandwich

l'escalope

escalope

le jambon

jambon

le salami

salami

la saucisse

saucisse

le poulet

poulet

le rôti

rôti

le poisson

poisson

les flocons d'avoine

flocons d'avoine

le muesli

muesli

les cornflakes

cornflakes

la farine

farine

le croissant

croissant

les petits-pains

petits-pains

le pain

pain

le pain grillé

pain grillé

les biscuits

biscuits

le beurre

beurre

le fromage blanc

le fromage blanc

le gâteau

gâteau

l'œuf

œuf

l'œuf au plat

œuf au plat

le fromage

fromage

la glace

glace

le sucre

sucre

le miel

miel

la confiture

confiture

la crème nougat

crème nougat

le curry

curry

la ferme
ferme

la botte de paille
botte de paille

la grange
grange

le champ
champ

le cheval
cheval

la remorque
remorque

le poulain
poulain

le tracteur
tracteur

l'âne
âne

l'agneau
agneau

le mouton
mouton

la chèvre

chèvre

la vache

vache

le veau

veau

le porc

porc

le porcelet

porcelet

le taureau

taureau

l'oie

oie

le canard

canard

le poussin

poussin

la poule

poule

le coq

coq

le rat

rat

le chat

chat

la souris

souris

le bœuf

bœuf

le chien

chien

le chenil

chenil

le tuyau de jardin

tuyau de jardin

l'arrosoir

arrosoir

la faucheuse

faucheuse

la charrue

charrue

la ferme - ferme

la faucille

faucille

la pioche

pioche

la fourche

fourche

la hache

hache

la brouette

brouette

la cuve

cuve

le pot à lait

pot à lait

le sac

sac

la clôture

clôture

l'étable

étable

la serre

serre

le sol

sol

les semences

semences

l'engrais

engrais

la moissonneuse-batteuse

moissonneuse-batteuse

récolter
récolter

la récolte
récolte

l'igname
igname

le blé
blé

le soja
soja

la pomme de terre
pomme de terre

le maïs
maïs

le colza
colza

l'arbre fruitier
arbre fruitier

le manioc
manioc

les céréales
céréales

la cheminée
cheminée

le toit
toit

la gouttière
gouttière

la fenêtre
fenêtre

le garage
garage

la sonnette
sonnette

la porte
porte

la poubelle
poubelle

la boîte aux lettres
boîte aux lettres

le jardin
jardin

le salon

salon

la chambre de bain

salle de bain

la cuisine

cuisine

la chambre à coucher

chambre à coucher

la chambre d'enfant

chambre d'enfant

la salle à manger

salle à manger

le sol

sol

le mur

mur

le plafond

plafond

la cave

cave

le sauna

sauna

le balcon

balcon

la terrasse

terrasse

la piscine

piscine

la tondeuse à gazon

tondeuse à gazon

la fourre de duvet

housse

la couette

couette

le lit

lit

le balai

balai

le sceau

sceau

l'interrupteur

interrupteur

le papier peint
papier peint

la lampe
lampe

l'image
image

l'étagère
étagère

l'armoire
armoire

la télé
télé

la cheminée
cheminée

la fleur
fleur

le coussin
coussin

le canapé
sofa

le vase
vase

la télécommande
télécommande

le tapis
tapis

le rideau
rideau

la table
table

la chaise
chaise

la chaise à bascule
chaise à bascule

le fauteuil
fauteuil

le livre

livre

la couverture

couverture

la décoration

décoration

le bois de chauffage

bois de chauffage

le film

film

la chaîne hi-fi

chaîne hi-fi

la clé

clé

le journal

journal

la peinture

peinture

le poster

poster

la radio

radio

le bloc-notes

bloc-notes

l'aspirateur

aspirateur

le cactus

cactus

la bougie

bougie

le frigo
réfrigérateur

le four à micro-ondes
four à micro-ondes

la balance de cuisine
balance de cuisine

le toasteur
grille-pain

le détergent
détergent

le four
four

le compartiment congélateur
compartiment congélateur

la poubelle
poubelle

le lave-vaisselle
lave-vaisselle

le four
four

la casserole
casserole

la marmite
marmite

le wok/kadai
wok / kadai

la poêle
poêle

la bouilloire électrique
bouilloire electrique

le cuiseur vapeur

cuiseur vapeur

la plaque de cuisson

plaque de cuisson

la vaisselle

vaisselle

le gobelet

gobelet

le bol

coupe

les baguettes

baguettes

la louche

louche

la spatule

spatule

le fouet

fouet

la passoire

passoire

le tamis

tamis

la râpe

râpe

le mortier

mortier

le barbecue

barbecue

la cheminée

cheminée

la planche à découper

planche à découper

le rouleau à pâtisserie

rouleau à pâtisserie

le tire-bouchon

tire-bouchon

la boîte

boîte

l'ouvre-boîte

ouvre-boîte

les maniques

maniques

le lavabo

lavabo

la brosse

brosse

l'éponge

éponge

le mixeur

mixeur

le congélateur

congélateur

le biberon

biberon

le robinet

robinet

la chambre de bain

salle de bain

le chauffage
chauffage

la serviette
serviette

la douche
douche

le bain moussant
bain moussant

le rideau de douche
rideau de douche

la baignoire
baignoire

le verre
verre

la machine à laver
machine à laver

le carrelage
carrelage

le robinet
robinet

le pot
pot

le lavabo
lavabo

les toilettes

toilettes

la toilette à la turque

toilette à la turque

le bidet

bidet

l'urinoir

urinoir

le papier toilette

papier toilette

la brosse à toilette

brosse à toilette

la brosse à dents

brosse à dents

le dentifrice

dentifrice

le fil dentaire

fil dentaire

laver

laver

la douche manuelle

douche manuelle

la douche intime

douche intime

la vasque

vasque

la brosse dorsale

brosse dorsale

le savon

savon

le gel douche

gel douche

le shampooing

shampooing

le gant de toilette

gant de toilette

l'écoulement

écoulement

la crème

crème

le déodorant

déodorant

le miroir

miroir

le miroir cosmétique

miroir cosmétique

le rasoir

rasoir

la mousse à raser

mousse à raser

l'après-rasage

après-rasage

la peigne

peigne

la brosse

brosse

le sèche-cheveux

sèche-cheveux

la laque pour cheveux

laque pour cheveux

le fond de teint

fond de teint

le rouge à lèvres

rouge à lèvres

le vernis à ongles

vernis à ongles

l'ouate

ouate

le coupe-ongles

coupe-ongles

le parfum

parfum

la trousse de toilette

trousse de toilette

le tabouret

tabouret

la balance

pèse-personne

le peignoir

peignoir

les gants de nettoyage

gants de nettoyage

le tampon

tampon

les serviettes hygiéniques

serviettes hygiéniques

la toilette chimique

toilette chimique

le réveil
réveil

le doudou
doudou

la voiture jouet
voiture jouet

le hochet
hochet

la maison de poupée
maison de poupée

le cadeau
cadeau

le ballon

ballon

le lit

lit

la poussette

poussette

le jeu de cartes

jeu de cartes

le puzzle

puzzle

la bande dessinée

bande dessinée

les pièces lego

pièces lego

les blocs de construction

blocs de construction

la figurine

figurine

la grenouillère

grenouillère

le frisbee

frisbee

le mobile

mobile

le jeu de société

jeu de société

le dé

dé

le train miniature

train miniature

la sucette

sucette

la fête

fête

le livre d'images

livre d'images

la balle

balle

la poupée

poupée

jouer

jouer

le bac à sable

bac à sable

la balançoire

balançoire

les jouets

jouets

la console de jeu

console de jeu

le tricycle

tricycle

l'ours en peluche

ours en peluche

l'armoire

armoire

les vêtements

vêtements

les chaussettes

chaussettes

les bas

bas

le collant

collant

l'écharpe
écharpe

le parapluie
parapluie

le t-shirt
t-shirt

la ceinture
ceinture

les bottes
bottes

les pantoufles
pantoufles

les baskets
baskets

les sandales
....
sandales

les chaussures
....
chaussures

les bottes de caoutchouc
....
bottes de caoutchouc

le linge de corps
....
sous-vêtements

le soutien-gorge
....
soutien-gorge

le maillot de corps
....
maillot de corps

le body

body

le pantalon

pantalon

le jean

jean

la jupe

jupe

le chemisier

chemisier

la chemise

chemise

le pull

pull

le pull-over à capuche

sweat à capuche

la veste

veste

la veste

veste

le manteau

manteau

l'imperméable

imperméable

le costume

costume

la robe

robe

la robe de mariée

robe de mariée

le costume

costume

la chemise de nuit

chemise de nuit

le pyjama

pyjama

le sari

sari

le foulard

foulard

le turban

turban

la burqa

burqa

le caftan

caftan

l'abaya

abaya

le maillot de bain

maillot de bain

le costume de bain

maillot de bain

les cuissettes

short

la tenue d'entraînement

tenue d'entraînement

le tablier

tablier

les gants

gants

le bouton

bouton

les lunettes

lunettes

le bracelet

bracelet

le collier

collier

la bague

bague

la boucle d'oreille

boucle d'oreille

le bonnet

bonnet

le cintre

cintre

le chapeau

chapeau

la cravate

cravate

la fermeture éclair

fermeture éclair

le casque

casque

les bretelles

bretelles

l'uniforme scolaire

uniforme scolaire

l'uniforme

uniforme

le bavoir
....
bavoir

la sucette
....
sucette

la couche
....
lange

le serveur
serveur

l'armoire d'archivage
armoire d'archivage

l'imprimante
imprimante

l'écran
écran

le papier
papier

la souris
souris

le bureau
bureau

le classeur
classeur

le clavier
clavier

la corbeille à papier
corbeille à papier

la chaise
chaise

l'ordinateur
ordinateur

la tasse à café
....
tasse de café

la calculatrice
....
calculatrice

l'internet
....
internet

l'ordinateur portable
ordinateur portable

la lettre
lettre

le message
message

le portable
portable

le réseau
réseau

la photocopieuse
photocopieuse

le logiciel
logiciel

le téléphone
téléphone

la prise
prise

le fax
fax

le formulaire
formulaire

le document
document

acheter

acheter

payer

payer

marchander

faire du commerce

la monnaie

monnaie

le dollar

dollar

l'euro

euro

le yen

yen

le rouble

rouble

le franc suisse

franc suisse

le renminbi yuan

renminbi yuan

la roupie

roupie

le distributeur automatique

distributeur automatique

le bureau de change

bureau de change

l'or

or

l'argent

argent

le pétrole

pétrole

l'énergie

énergie

le prix

prix

le contrat

contrat

la taxe

taxe

l'action

action

travailler

travailler

l'employé

employé

l'employeur

employeur

l'usine

usine

le magasin

magasin

l'agent de police
agent de police

le pompier
pompier

le cuisinier
cuisinier

le médecin
médecin

le pilote
pilote

le jardinier

jardinier

le menuisier

menuisier

la couturière

couturière

le juge

juge

le chimiste

chimiste

l'acteur

acteur

le conducteur de bus

conducteur de bus

le chauffeur de taxi

chauffeur de taxi

le pêcheur

pêcheur

la femme de ménage

femme de ménage

le couvreur

couvreur

le serveur

serveur

le chasseur

chasseur

le peintre

peintre

le boulanger

boulanger

l'électricien

électricien

l'ouvrier

ouvrier

l'ingénieur

ingénieur

le boucher

boucher

le plombier

plombier

le facteur

facteur

le soldat

soldat

l'architecte

architecte

le caissier

caissier

le fleuriste

fleuriste

le coiffeur

coiffeur

le contrôleur

contrôleur

le mécanicien

mécanicien

le capitaine

capitaine

le dentiste

dentiste

le scientifique

scientifique

le rabbin

rabbin

l'imam

imam

le moine

moine

le prêtre

prêtre

les professions - professions

le marteau
marteau

les pinces
pinces

le tournevis
tournevis

la clé
clé

la torche
torche

la pelleteuse

pelleteuse

la boîte à outils

boîte à outils

l'échelle

échelle

la scie

scie

les clous

clous

la perceuse

perceuse

réparer

réparer

la pelle

pelle

Mince!

Mince !

la pelle

pelle

le pot de peinture

pot de peinture

les vis

vis

les instruments de musique

instruments de musique

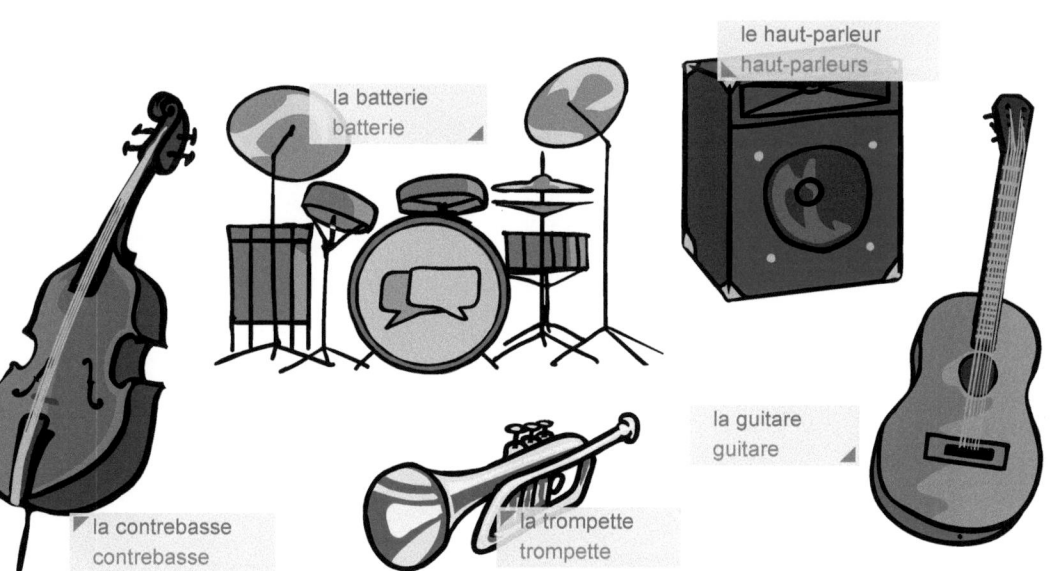

la batterie
batterie

le haut-parleur
haut-parleurs

la guitare
guitare

la contrebasse
contrebasse

la trompette
trompette

le piano

piano

le violon

violon

la basse

basse

les timbales

timbales

le tambour

tambour

le piano électrique

piano électrique

le saxophone

saxophone

la flûte

flûte

le microphone

microphone

l'entrée
entrée

le tigre
tigre

la cage
cage

le zèbre
zèbre

l'alimentation animale
alimentation animale

le panda
panda

les animaux

animaux

l'éléphant

éléphant

le kangourou

kangourou

le rhinocéros

rhinocéros

le gorille

gorille

l'ours

ours

le chameau

chameau

l'autruche

autruche

le lion

lion

le singe

singe

le flamand rose

flamand rose

le perroquet

perroquet

l'ours polaire

ours polaire

le pingouin

pingouin

le requin

requin

le paon

paon

le serpent

serpent

le crocodile

crocodile

le gardien de zoo

gardien de zoo

le phoque

phoque

le jaguar

jaguar

le poney

poney

le léopard

léopard

l'hippopotame

hippopotame

la girafe

girafe

l'aigle

aigle

le sanglier

sanglier

le poisson

poisson

la tortue

tortue

le morse

morse

le renard

renard

la gazelle

gazelle

l'american Football
american Football

le cyclisme
cyclisme

le tennis
tennis

le basket-ball
basket-ball

la natation
natation

le hockey sur glace
hockey sur glace

la boxe
boxe

le football

football

le badminton

badminton

l'athlétisme

athlétisme

le handball

handball

le ski

ski

le polo

polo

sauter
sauter

embrasser
embrasser

rire
rire

marcher
marcher

chanter
chanter

rêver
rêver

prier
prier

faire la bise
faire la bise

écrire
écrire

dessiner
dessiner

montrer
montrer

pousser
pousser

donner
donner

prendre
prendre

avoir

avoir

faire

faire

être

être

être debout

être debout

courir

courir

trier

trier

jeter

jeter

tomber

tomber

être couché

être couché

attendre

attendre

porter

porter

être assis

être assis

s'habiller

s'habiller

dormir

dormir

se réveiller

se réveiller

regarder

regarder

pleurer

pleurer

caresser

caresser

peigner

peigner

parler

parler

comprendre

comprendre

demander

demander

écouter

écouter

boire

boire

manger

manger

ranger

ranger

aimer

aimer

cuire

cuire

conduire

conduire

voler

voler

faire de la voile

faire de la voile

calculer

calculer

lire

lire

apprendre

apprendre

travailler

travailler

se marier

se marier

coudre

coudre

se brosser les dents

brosser les dents

tuer

tuer

fumer

fumer

envoyer

envoyer

les activités - activités

grand-mère
and-mère

le grand-père
grand-père

le père
père

la mère
mère

le bébé
bébé

la fille
fille

le fils
fils

l'hôte

hôte

la tante

tante

l'oncle

oncle

le frère

frère

la sœur

sœur

le corps

corps

le front
front

l'œil
œil

l'épaule
épaule

le doigt
doigt

le visage
visage

le menton
menton

la main
main

la poitrine
poitrine

la jambe
jambe

le bras
bras

le bébé

bébé

l'homme

homme

la femme

femme

la fille

fille

le garçon

garçon

la tête

tête

le dos

dos

le ventre

ventre

le nombril

nombril

l'orteil

orteil

le talon

talon

l'os

os

la hanche

hanche

le genou

genou

le coude

coude

le nez

nez

les fesses

fesses

la peau

peau

la joue

joue

l'oreille

oreille

la lèvre

lèvre

la bouche
bouche

la dent
dent

la langue
langue

le cerveau
cerveau

le cœur
cœur

le muscle
muscle

les poumons
poumons

le foie
foie

l'estomac
estomac

les reins
reins

le rapport sexuel
rapport sexuel

le préservatif
préservatif

l'ovule
ovule

le sperme
sperme

la grossesse
grossesse

la menstruation

menstruation

le vagin

vagin

le pénis

pénis

le sourcil

sourcil

les cheveux

cheveux

le cou

cou

l'hôpital
hôpital

l'ambulance
ambulance

le fauteuil roulant
fauteuil roulant

la fracture
fracture

le médecin

médecin

le service des urgences

service des urgences

l'infirmière

infirmière

l'urgence

urgence

inconscient

inconscient

la douleur

douleur

la blessure
....
blessure

l'hémorragie
....
hémorragie

la crise cardiaque
....
crise cardiaque

l'attaque cérébrale
....
attaque cérébrale

l'allergie
....
allergie

la toux
....
toux

la fièvre
....
fièvre

la grippe
....
grippe

la diarrhée
....
diarrhée

le mal de tête
....
mal de tête

le cancer
....
cancer

le diabète
....
diabète

le chirurgien
....
chirurgien

le scalpel
....
scalpel

l'opération
....
opération

le CT

CT

la radiographie

radiographie

l'échographie

échographie

le masque

masque

la maladie

maladie

la salle d'attente

salle d'attente

la béquille

béquille

le pansement

pansement

le pansement

pansement

l'injection

injection

le stéthoscope

stéthoscope

le brancard

brancard

le thermomètre

thermomètre

l'accouchement

accouchement

le surpoids

surcharge pondérale

l'appareil auditif

appareil auditif

le désinfectant

désinfectant

l'infection

infection

le virus

virus

le VIH / le sida

VIH / sida

le médicament

médicament

la vaccination

vaccination

les tablettes

comprimés

la pilule

pilule

l'appel d'urgence

appel d'urgence

le tensiomètre

tensiomètre

malade / sain

malade / sain

Au secours!

Au secours !

l'alarme

alarme

l'agression

assaut

l'attaque

attaque

le danger

danger

la sortie de secours

sortie de secours

Au feu!

Au feu!

l'extincteur

extincteur

l'accident

accident

la trousse de premier secours

trousse de premier secours

SOS

SOS

la police

police

l'Europe

Europe

l'Amérique du Nord

Amérique du Nord

l'Amérique du Sud

Amérique du Sud

l'Afrique

Afrique

l'Asie

Asie

l'Australie

Australie

l'Océan atlantique

Océan atlantique

l'Océan pacifique

Océan pacifique

l'Océan indien

Océan indien

l'Océan antarctique

Océan antarctique

l'Océan arctique

Océan arctique

le Pôle nord

pôle nord

le Pôle sud

pôle sud

l'Antarctique

Antarctique

la terre

terre

le pays

pays

la mer

mer

l'île

île

la nation

nation

l'état

état

le cadran

cadran

l'aiguille des heures

aiguille des heures

l'aiguille des minutes

aiguille des minutes

l'aiguille des secondes

aiguille des secondes

Quelle heure est-il?

Quelle heure est-il ?

le jour

jour

le temps

temps

maintenant

maintenant

la montre digitale

montre digitale

la minute

minute

l'heure

heure

la semaine

semaine

lundi
lundi

mercredi
mercredi

vendredi
vendredi

mardi
mardi

jeudi
jeudi

samedi
samedi

dimanche
dimanche

hier
....
hier

aujourd'hui
....
aujourd'hui

demain
....
demain

le matin
....
matin

le midi
....
midi

le soir
....
soir

les jours ouvrables
....
jours ouvrables

le week-end
....
week-end

la pluie
pluie

l'arc-en-ciel
arc-en-ciel

la neige
neige

le vent
vent

le printemps
printemps

l'automne
automne

l'été
été

l'hiver
hiver

la météo

météo

le thermomètre

thermomètre

la lumière du soleil

lumière du soleil

le nuage

nuage

le brouillard

brouillard

l'humidité

humidité

la foudre

foudre

le tonnerre

tonnerre

la tempête

tempête

la grêle

grêle

la mousson

mousson

l'inondation

inondation

la glace

glace

janvier

janvier

février

février

mars

mars

avril

avril

mai

mai

juin

juin

juillet

juillet

août

août

l'année - année

septembre
....
septembre

octobre
....
octobre

novembre
....
novembre

décembre
....
décembre

les formes

formes

le cercle
....
cercle

le carré
....
carré

le rectangle
....
rectangle

le triangle
....
triangle

la sphère
....
sphère

le cube
....
cube

blanc

blanc

jaune

jaune

orange

orange

rose

rose

rouge

rouge

violet

violet

bleu

bleu

vert

vert

marron

marron

gris

gris

noir

noir

beaucoup / peu

beaucoup / peu

fâché / calme

fâché / calme

joli / laid

joli / laid

le début / la fin

début / fin

grand / petit

grand / petit

clair / obscure

clair / obscure

le frère / la sœur

frère / soeur

propre / sale

propre / sale

complet / incomplet

complet / incomplet

le jour / la nuit

jour / nuit

mort / vivant

mort / vivant

large / étroit

large / étroit

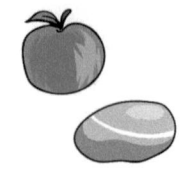

comestible / incomestible

comestible / incomestible

méchant / gentil

méchant / gentil

excité / ennuyé

excité / ennuyé

gros / mince

gros / mince

le premier / le dernier

premier / dernier

l'ami / l'ennemi

ami / ennemi

plein / vide

plein / vide

dur / souple

dur / souple

lourd / léger

lourd / léger

faim / soif

faim / soif

malade / sain

malade / sain

illégal / légal

illégal / légal

intelligent / stupide

intelligent / stupide

gauche / droite

gauche / droite

proche / loin

proche / loin

nouveau / usé

nouveau / usé

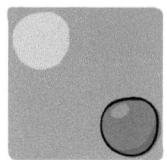

rien / quelque chose

rien / quelque chose

vieux / jeune

vieux / jeune

marche / arrêt

marche / arrêt

ouvert / fermé

ouvert / fermé

faible / fort

faible / fort

riche / pauvre

riche / pauvre

correct / incorrect

correct / incorrect

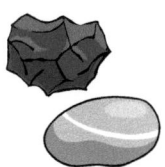

rugueux / lisse

rugueux / lisse

triste / heureux

triste / heureux

court / long

court / long

lent / rapide

lent / rapide

mouillé / sec

mouillé / sec

chaud / froid

chaud / froid

la guerre / la paix

guerre / paix

les oppositions - oppositions

87

0

zéro

zéro

1

un

un / une

2

deux

deux

3

trois

trois

4

quatre

quatre

5

cinq

cinq

6

six

six

7

sept

sept

8

huit

huit

9

neuf

neuf

10

dix

dix

11

onze

onze

12

douze

douze

13

treize

treize

14

quatorze

quatorze

15

quinze

quinze

16

seize

seize

17

dix-sept

dix-sept

18

dix-huit

dix-huit

19

dix-neuf

dix-neuf

20

vingt

vingt

100

cent

cent

1.000

mille

mille

1.000.000

le million

million

langues

l'anglais

anglais

l'anglais américain

anglais américain

le chinois mandarin

chinois mandarin

le hindi

hindi

l'espagnol

espagnol

le français

français

l'arabe

arabe

le russe

russe

le portugais

portugais

le bengali

bengali

l'allemand

allemand

le japonais

japonais

je
je

tu
tu

il / elle
il / elle / ce, c', cela

nous
nous

vous
vous

ils / elles
ils / elles

qui?
Qui ?

quoi?
Quoi ?

comment?
Comment ?

où?
Où ?

quand?
Quand ?

le nom
nom

derrière

derrière

dans

dans

devant

devant

au-dessus

au-dessus

sur

sur

en-dessous

en-dessous

à côté de

à côté de

entre

entre

le lieu

lieu